DISCOURS

SUR LES

REMÈDES SECRETS,

AUTORISÉS PAR LE GOUVERNEMENT,

PAR M. SOUBEIRAN,

SECRÉTAIRE GÉNÉRAL DE LA SOCIÉTÉ DE PHARMACIE DE PARIS.

PARIS.

IMPRIMÉ PAR E. THUNOT ET Cie,

Rue Racine, 26, près de l'Odéon.

1852

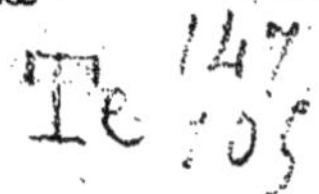

DISCOURS

SUR

LES REMÈDES SECRETS,

AUTORISÉS PAR LE GOUVERNEMENT,

PAR M. SOUBEIRAN,

SECRÉTAIRE GÉNÉRAL DE LA SOCIÉTÉ DE PHARMACIE DE PARIS.

Messieurs, je me propose de vous tracer l'histoire des remèdes secrets qui ont reçu l'autorisation du gouvernement. Ce sera faire passer sous vos yeux des faits qui vous sont familiers, signaler des abus que vous connaissez; mais j'ai l'espoir que ma parole portera plus loin. Ce que chacun sait et dit dans le cercle du monde médical, il est bon de le crier haut au dehors pour qu'enfin la vérité arrive à l'oreille du pouvoir et qu'il sache quelles inutilités, quelles œuvres de charlatanisme et quel dévergondage sont couverts par sa protection et comment, sous son égide, des hommes ignorants ou cupides exploitent à leur profit la bourse et la santé du public.

Le 18 août 1810 parut un décret de l'empereur Napoléon sur la vente des remèdes secrets. Il déclarait nulles toutes les autorisations qui avaient pu être accordées et portait que les remèdes nouveaux et utiles seraient achetés par le gouvernement après examen et qu'ils seraient rendus publics.

C'était avec sagesse couper court à tous les abus et empêcher qu'ils pussent se reproduire; mais il en a été de cette loi comme de bien d'autres : elle eût été un bienfait, si dans l'application on n'en était arrivé à oublier ses sages dispositions. La France est, je crois, le seul pays en Europe où l'on prenne si peu de souci de l'exécution de la loi; c'est que le gouvernement y est toujours plus ou moins le reflet du peuple qu'il est chargé de conduire, participant à ses qualités et à ses défauts et manquant tout aussi souvent de fixité dans les vues et de constance dans l'exécution.

Nous sommes, on ne saurait en disconvenir, une nation d'une rare intelligence. Chez nul peuple, il ne surgit autant d'idées; aucun ne les expose avec plus de clarté; aucun ne montre autant de sagacité à dévoiler le but encore éloigné; de là cette mission d'initiative qui nous est dévolue et l'influence que nous exerçons dans le monde. A ces éminentes qualités, si nous savions joindre la persévérance et la modération, la persévérance qui assure le succès, la modération sans laquelle les meilleures choses peuvent devenir les pires, nous aurions droit à nous déclarer le premier peuple de l'univers. Mais, hélas! la Providence ne l'a pas voulu ainsi; elle nous a soumis à la loi commune des choses de cette terre chez lesquelles rien n'est parfait: le mal y côtoie le bien, et l'harmonie de l'ensemble est achetée par les imperfections du détail. Cette vivacité d'imagination qui crée, cette rectitude d'esprit qui va droit au but, que de fois elles sont restées improductives parce que nous avons manqué de persévérance! Que de fois dans notre désir exagéré d'arriver vite, nous sommes-nous brisés contre les obstacles dont la route était semée, pour n'avoir pas eu la patience de les tourner ou de les aplanir: combien d'idées grandes et fécondes nées en France ont-elles eu besoin pour se produire d'être mûries par des cerveaux moins impatients!

Je ne puis trouver que dans cette légèreté habituelle de notre nation, l'explication de ce fait singulier: la loi rendue avec une intelligence parfaite et satisfaisante sous tous les rapports; la loi oubliée tout aussitôt et remplacée par des mesures qui favorisent précisément le mal que l'on avait en vue de faire cesser. Napoléon avait posé la règle avec sagesse; elle a été méconnue absolument dans une application inintelligente. « Notre sollicitude, dit le préambule du décret du 18 août 1810, notre sollicitude constante pour le bien de nos sujets doit nous porter à » répandre la connaissance et l'emploi des remèdes utiles. Voulant d'un côté propager les lumières et augmenter les moyens » utiles de l'art de guérir, et de l'autre empêcher le charlatanisme » d'imposer un tribut à la crédulité ou d'occasionner des accidents funestes... » Puis vient le décret qui déclare nulles toutes les permissions accordées antérieurement, et qui porte que les remèdes nouveaux et utiles seront achetées après examen. Une commission déclarera si l'administration du remède ne peut être dangereuse ou nuisible en certains cas, si le remède est bon en soi, s'il a produit et produit encore des effets utiles à l'humanité ; quel est le prix qu'il convient de payer à l'inventeur?

On ne pouvait mieux dire, mais l'exécution a été pitoyable. Le gouvernement n'acheta pas les remèdes anciennement autorisés. En cela il fit bien, car ils ne valaient pas que l'on y mît un prix. Mais ce qui ne valait pas pour être acheté ne valait pas davantage pour qu'on le vendît; il fallait tout rejeter et se réserver pour ce qui aurait pu être neuf et utile. Cela ne faisait pas l'affaire des vendeurs. La rumeur publique de ce temps dit quels mobiles furent mis en jeu et comment on en arriva finalement à rendre nul le bienfaisant décret.

Le délai fatal fixé aux vendeurs pour le 1er janvier 1811 est d'abord reculé de trois mois; puis un décret du 26 décembre 1810 établit malencontreusement que les inventeurs qui ont déjà donné leurs recettes et dont le remède a été ultérieurement examiné par une commission sont dispensés de le faire examiner de nouveau. Personne dans les conseils du pouvoir ne se rappelait donc comment ces autorisations avaient été données et ces doléances de l'ancienne Société de médecine : *Voyant avec douleur, malgré ses réclamations, un grand nombre de remèdes secrets soustraits à son examen, approuvés sans être connus de leurs approbateurs et cependant revêtus d'autorités imposantes. Qu'on ne vante pas quelques succès qui ont servi à en accréditer l'usage*, s'écrie-t-elle; *l'humanité ne les a que trop chèrement payés par une foule de victimes.*

Le décret du 26 décembre était un premier succès pour les charlatans, un premier échec pour la commission d'examen. Sans doute, alors comme aujourd'hui, on ne la trouvait pas assez accommodante. Ce n'était qu'un premier pas dans cette voie funeste, qui, contrairement à l'esprit du décret du 18 août 1810, permettait la vente des remèdes autorisés, et ne demandait même pas que leur composition fût divulguée. Cette œuvre fut appuyée plus tard par une circulaire ministérielle du 16 avril 1828 dans le même sens. Ainsi, la législation du 18 août 1810 a été écartée; ainsi, de fait, on en est revenu à un décret antérieur du 15 prairial an XIII, qui permettait l'annonce et la vente des remèdes autorisés, et qui a de nouveau ouvert une large porte aux envahissements du charlatanisme. Ce décret est aujourd'hui la règle que suit l'administration ; il est la législation en vigueur : législation détestable, si nous la jugeons par ce qu'elle a produit, livrant à merci la bourse et la santé du public à quelques charlatans privilégiés, et tout cela après que le sage décret du 18 août 1810, avec une connaissance parfaite de la matière, avait posé au charlatanisme une borne qu'il ne devait pas franchir et que, l'administration lui venant en aide, il a su tourner à son profit.

Essayons maintenant de pénétrer au cœur de cette question embrouillée à plaisir pour l'avantage de quelques-uns. Nous verrons qu'elle se juge par les règles du simple bon sens. Si j'écoutais ma pensée intime et le sentiment des obligations que je crois imposées moralement à tout homme qui exerce une des branches de l'art de guérir, je vous dirais que, s'il a fait une découverte utile à l'humanité, c'est une faute à lui de la tenir cachée. Alors la loi est facile à faire; elle se borne à défendre la vente des remèdes secrets et ne se préoccupe pas davantage des découvertes médicales. Mais aujourd'hui de tels principes sont taxés de puritanisme ridicule; ils n'ont pas chance de se faire accepter. Il me faut donc rester sur un terrain mercantile plus positif et raisonner comme si celui qui a trouvé un traitement ou un remède nouveau avait droit de le monopoliser à son profit ou d'exiger de la société une indemnité suffisante.

Il est incontestable que l'invention s'appliquant aux choses de la médecine comme à toutes autres, il importe de distinguer en quoi elle consiste et comment elle mérite d'être appréciée par la société.

Un remède est une invention, quand il consiste en une chose jusque-là inconnue dans la médecine ou quand il est l'application nouvelle d'une chose connue à la guérison des maladies. Sa valeur ne se juge pas par les efforts de l'esprit qu'il a fallu faire pour le trouver, non plus que par le travail plus ou moins opiniâtre qu'il a coûté à son inventeur. On apprécie la découverte d'après les services qu'elle rend à l'art de guérir. A-t-elle fourni à l'humanité le moyen de paralyser quelqu'un de de ces grands fléaux qui la dévore? Oh! alors elle est déclarée belle par tous, incontestée, et la récompense ne peut être trop splendide. Telle a été l'introduction du quinquina dans la médecine, celle du mercure, ou bien encore la découverte faite par Coindet de l'action thérapeutique de l'iode. En pareil cas, le gouvernement n'a pas à hésiter ; son devoir est d'indemniser largement l'auteur et en gloire et en fortune ; il doit aussi publier immédiatement la composition du remède, pour qu'il se répande rapidement, que chacun sache le secours qu'il peut en attendre ; et aussi pour qu'une chose, utile à tous, ne puisse jamais, par les exigences de l'inventeur, s'élever à un prix qui ne la rende accessible qu'à quelques-uns. Dans ma pensée, qui sera acceptée volontiers, l'application rigoureuse du décret du 18 août 1810 est la seule règle que l'on puisse accepter, quand il s'agit d'un de ces agents héroïques qui sont un bienfait pour l'humanité. Que, par exemple, on vienne à découvrir un remède certain contre la rage, pourrait-on hésiter à le publier et à le mettre aussitôt à la portée de tous?

Si les inventions en médecine avaient toujours ce caractère d'utilité publique, il n'y aurait pas de discussion possible sur cette question délicate et difficile de la rémunération de l'inventeur; mais il arrive ordinairement que l'invention qui peut être bonne en elle-même n'a pas cependant assez d'importance réelle pour que le gouvernement se décide à en faire l'acquisition ; à moins qu'elle ne lui soit livrée à des conditions qui ordinairement sont bien au-dessous des prétentions de l'inventeur. Pour bien faire saisir ma pensée, je citerai comme exemple la limonade au citrate de magnésie, qui a été acceptée de suite avec faveur par les praticiens, parce qu'elle possède les trois qualités de purger *tutò*, *citò et jucundè*. On conviendra cependant que l'humanité n'avait pas un intérêt bien vif à ce que ce problème fût résolu, et que le gouvernement du pays aurait pu y regarder à deux fois avant de faire l'acquisition d'une semblable découverte. Que serait-ce donc si vers lui affluait cette multitude d'observations plus ou moins heureuses qui surgissent chaque jour, dont tant d'auteurs, véritables amis de la science, ne font nul mystère, et que quelques-uns, plus intéressés, veulent exploiter à leur profit?

C'est ici que nous entrons dans la difficulté du sujet. Faudra-t-il acheter ces recettes pour les rendre publiques; faudra-t-il indemniser les auteurs en leur accordant le privilége de la vente?

Acheter! mais le passé est là qui éloignera le gouvernement de suivre une pareille route. Si on lui a conseillé judicieusement d'acheter la connaissance de certains remèdes, du quinquina, de l'ipécacuanha, du kermès, ne lui a-t-on pas fait plus souvent dépenser les deniers publics dont il est le gardien, pour faire emplette de quelques formules aussitôt et justement tombées dans l'oubli? Et n'avons-nous pas vu l'Académie de médecine elle-même, dans un de ses mauvais jours, céder à un sentiment déplacé de confraternité et proposer de payer 24,000 francs un remède qui, quarante ans auparavant, dans les mains d'un premier inventeur, avait reçu sa récompense? Cependant cet achat du remède nouveau, après l'examen d'une commission grave et compétente qui fixerait la valeur de la découverte et qui en déterminerait la publication pour cause d'utilité publique, ce système d'achat est, sans contredit, celui qui aurait le plus d'avantages et, en premier, celui de rendre le gouvernement avare de ces sortes de récompenses. Ce serait revenir à l'application absolue du décret du 18 août 1810.

Ne nous dissimulons pas cependant que, chaque fois qu'il s'agira de trouver des fonds pour un pareil emploi, le gouvernement hésitera et, se rappelant les errements du passé, sollicité d'ailleurs par les intérêts particuliers qui espèrent tirer plus de profit d'une autorisation de vendre, il cédera : et voilà pourquoi il me faut nécessairement poser ici les conditions de ces sortes d'autorisations.

Une grande difficulté est de décider quelles sont les découvertes qui méritent d'être récompensées. Il est clair que, si la récompense est accordée à toute amélioration dans la préparation d'un médicament, à toute nouvelle forme pharmaceutique appliquée à toute substance employée jusque-là d'une autre manière, la commission d'examen n'aura pas un instant de repos. Les découvertes de ce genre pullulent de toutes parts; il n'est pas de pharmacien de quelque intelligence qui ne puisse en faire, et, pour ma part, je promettrais à la future commission de lui fournir chaque semaine un contingent de ces faciles découvertes; et de plus utiles cependant que certaines dont on a fait grand bruit, comme de la gomme adragante substituée à la myrrhe dans les pilules de carbonate de fer ou du charbon de peuplier préféré au charbon des autres bois légers.

On reconnaît aussitôt quelle difficulté ce sera qu'une pareille appréciation. Je n'en voudrais pas d'autre preuve que les débats si vifs qui s'élèvent dans le sein de l'Académie de médecine, chaque fois qu'une pareille question y est débattue. Des convictions toutes respectables se produisent, mais tous les juges ne sont pas également éclairés. Au milieu de ce conflit, portée par une assemblée nombreuse et, par cela même si mobile, la décision est trop livrée aux chances du hasard : le juge n'a pas le sang-froid et le calme nécessaires. Que l'Académie ne soit plus détournée de ses travaux scientifiques pour de pareilles questions. Mieux vaut cent fois un tribunal peu nombreux, discutant loin de la foule, et composé d'hommes graves et compétents. Que de plus, pour défendre le pouvoir des influences d'intérêts particuliers qui s'agitent autour de lui et qui s'évertuent à le tromper, que des hommes considérables, *désignés par leurs fonctions*, composent la commission. J'y voudrais voir le doyen de la Faculté de médecine, le directeur de l'École de pharmacie, les professeurs de chimie, de pharmacie et d'histoire naturelle des deux écoles, le professeur de thérapeutique. J'y joindrais le président et le secrétaire de l'Académie de médecine. J'y voudrais introduire aussi un médecin et un pharmacien exerçants (1). Dans une pareille commission se trouveraient toutes les garanties de savoir, d'indépendance et de désintéressement. Ses décisions seraient acceptées avec respect par le corps médical et, je dis plus, par les inventeurs eux-mêmes.

Si la délivrance d'autorisations de vendre avait la préférence sur la rémunération immédiate des inventeurs, il ne saurait être question jamais de conserver l'état de choses qui donne lieu aujourd'hui à de si déplorables abus. Des autorisations accordées à des remèdes insignifiants ou à des remèdes dangereux, parfois contrairement à l'avis des hommes de l'art, sur la recommandation de quelque protecteur influent, souvent lui-même agent intéressé ; des remèdes vendus sans que personne sache ce qui les compose, que les inventeurs modifient ou changent à leur gré, qu'ils vendent au prix qui leur plaît, à qui en veut, sans avis du médecin, exploitant aussi la société à leur profit et sans contrôle ; et cela à perpétuité, sans que jamais la société puisse

(1) Sur la proposition de M. Bussy, la Société de pharmacie a émis le vœu que le directeur de la Pharmacie centrale des hôpitaux fit partie de cette commission.

être soustraite à cette exploitation, quand bien même un autre venant à découvrir à son tour ce remède caché, le livrerait généreusement au public sans le déguiser sous une dénomination mystérieuse.

On ne contestera pas que des hommes de l'art soient seuls capables de juger chacune des questions que soulevera ce sujet épineux et l'on ne déniera pas à la commission que j'ai proposée sa compétence pour décider sur tous les cas qui pourraient se présenter. Mais si l'on ne veut retomber fatalement dans le même chaos, il faut de plus poser quelques règles dont on ne puisse se départir : que les recettes des médicaments autorisés soient publiées, que la vente ne puisse en être faite que par les pharmaciens sur la prescription des médecins, que l'autorisation soit personnelle, qu'elle soit délivrée pour un temps limité, que l'annonce avec indication des propriétés médicinales soit interdite et enfin que tous les remèdes qui ont reçu aujourd'hui une autorisation soient soumis à un nouveau jugement. Il va m'être facile de démontrer l'utilité de ces mesures.

Aucune autorisation de vendre un remède nouveau ne devrait être accordée sans que la publication de la formule n'en soit une des conditions de rigueur. On aurait peine à comprendre qu'une pareille précaution ait été négligée, si l'on ne savait le peu de soin que l'on a mis à consulter les autorités médicales et la large part que les recommandations et les protections de toutes espèces ont eue dans la délivrance de la plupart des autorisations actuelles. Que la recette soit rendue publique, c'est le moyen de savoir si elle est sincère; sincère pour qu'on ne vende pas un médicament pour un autre, qu'on ne pare pas une substance connue sous un nom d'emprunt; sincère pour que l'inventeur ne lui fasse pas subir de changements à son gré, ainsi qu'il est arrivé maintes fois et en particulier pour le trop fameux rob de Laffecteur. Que tout changement apporté par l'auteur dans la composition du remède entraîne la déchéance immédiate et absolue de son privilége. Toutes ces variations entraînent avec elles des inconvénients trop graves. Le médecin qui prescrit un remède dont l'effet lui est connu obtient des résultats tout différents de ceux qu'il était en droit d'attendre; et d'ailleurs, comment concevoir qu'il ordonne un médicament sans connaître sa composition et par conséquent sans être en état de prévoir quelle influence il peut avoir sur les autres substances médicamenteuses qu'il croit devoir y associer. Vous entendrez parfois cependant certains médecins soutenir que cette connaissance ne leur est pas nécessaire. Je laisse à des médecins plus avisés le soin de les juger.

« Rien n'est plus dangereux que le secret en fait de remèdes, » disait la Société royale de Médecine en 1790. Le plus utile » devient souvent funeste par cela seul qu'il reste couvert des » voiles du mystère. Ce mystère excite l'enthousiasme et entre» tient la crédulité du peuple. Il produit l'incertitude dans le » discernement des circonstances et l'inexactitude dans l'applica» tion d'un moyen qu'on emploie sans le connaître. La Société » a dans ses recueils des preuves multipliées des malheureux » effets et nous ne craignons pas de le dire des empoisonnements » causés par des remèdes dont le succès en quelques cas avait » été attesté par des hommes connus et par des citoyens de tout » rang. »

« La plus simple réflexion, dit Pelletan (Clinique chirurgi» cale), suffirait pour faire comprendre que tout homme qui » débite un remède secret est le maître de la santé et de la bourse » des malades qui y ont confiance; mais que penser des méde» cins qui se mettent eux-mêmes à la merci de ces charlatans? » Nous en voyons en effet tous les jours prescrire le rob de » celui-ci, le vin, les pilules de celui-là, soit dans les cas où » leurs remèdes échouent ou bien sous le prétexte qu'ils ont vu » les meilleurs effets de ces remèdes secrets. On pourrait leur » dire que leurs ressources personnelles sont donc bien bornées, » s'ils en sont réduits à recourir aux charlatans, comme le fait » le vulgaire; mais il suffira de leur faire observer qu'ils ne » peuvent même pas compter sur les remèdes du charlatan, varia» bles à sa volonté et qu'il pourrait se rencontrer un jour qu'ils » fussent bafoués par les charlatans eux-mêmes qui n'auraient » employé dans leurs remèdes secrets que les mêmes médica» ments bien ou mal administrés par le médecin méthodique. »

Écoutons encore l'avis d'un grand praticien. « Quand je vois, » dit Swédiaur (traité des maladies syphilitiques), des hommes » que les lois autorisent à se dire médecins reccommander un » remède secret à leurs malades, je suis saisi de pitié et d'indi-

*

» gnation, parce que rien ne prouve plus dans quel avilissement
» la médecine est tombée en France que de voir des médecins
» prescrire un remède de charlatan, un remède secret, plutôt
» que de se servir de ceux dont ils doivent connaître l'efficacité
» ou de proposer à leurs malades de recourir aux lumières de
» personnes plus éclairées, s'ils se trouvent eux-mêmes trop peu
» instruits dans cette partie de l'art de guérir » et autre part :
« Il est honteux et cela prouverait que l'art en est réduit au
» dernier degré de l'avilissement, il est honteux que des méde-
» cins et des chirurgiens qui ont reçu une éducation libérale
» recommandent au hasard un remède de charlatan dont ils
» ne connaissent pas la composition et dont ils ne peuvent
» jamais par conséquent calculer les effets. Si un de ces cas
» douteux, compliqué ou désespéré, s'offre dans la pratique, ne
» serait-il pas mille fois plus honorable pour le praticien dont
» on demande l'avis de conseiller au malade de faire une con-
» sultation avec un ou plusieurs confrères et de le laisser profiter
» de leurs lumières plutôt que de le faire passer entre les mains
» d'un charlatan ignorant qui ne lui fait malheureusement que
» trop souvent perdre le temps et même le moment précieux où
» il aurait pu encore être sauvé par les soins d'un homme
» habile et éclairé. »

Vous comprenez, Messieurs, pourquoi j'ai laissé à ces habiles et honorables praticiens le soin de stigmatiser les médecins ignorants qui ne craignent pas de se faire les apôtres des remèdes secrets. Ces paroles dans leur bouche ont une valeur qu'elles n'auraient pu prendre dans la mienne. On eût contesté ma compétence; il faut se courber devant la leur. Ces reproches adressés par ces consciencieux maîtres de l'art à quelques hommes de leur temps, à combien plus de médecins s'adresseraient-ils au temps actuel. Le mal a grandi, parce qu'il a malheureusement sa source dans nos institutions médicales. Elles ont appelé accessoires et traitent comme telles dans les écoles, la physique, la chimie, l'histoire naturelle et la pharmacologie. De cette grave erreur, il est résulté que l'étudiant ne voyant jamais les préceptes de ces sciences appliqués dans le cours de ses études médicales, les néglige en effet comme accessoires et ne s'aperçoit qu'elles lui font défaut que lorsqu'il se voit en face des difficultés de la pratique. Il est trop tard alors et ne trouvant pas en lui-même les ressources nécessaires, il se laisse séduire comme le vulgaire par les prospectus des marchands de remèdes secrets ou bien il va puiser sa science de chaque jour dans ces formulaires de poche dont le succès fait la honte de la médecine du temps actuel.

La vente d'un remède autorisé ne doit pouvoir être faite que par le pharmacien et sur l'ordonnance particulière du médecin. Je ne prévois pas quelle raison on pourrait donner pour enlever à la société la garantie des hommes que leur savoir rend juges de l'opportunité de l'administration d'un remède ou que leurs études ont investi d'un droit régulier. D'ailleurs, comment échapper à ce dilemne : ou le remède est insignifiant, et il ne mérite pas la faveur d'une exception; ou il est actif, et, en ce cas, il ne peut être administré, sans danger, en toute occasion et sans le contrôle d'un homme de l'art.

Ce besoin de garanties pour la société motive aussi la nécessité de ne donner que des autorisations personnelles. Le gouvernement a toujours le droit de savoir en quelles mains l'autorisation va passer et si le nouveau possesseur mérite sa confiance. S'il en était ainsi, nous n'aurions pas eu le scandale d'une de ces autorisations passée en des mains que les tribunaux avaient frappées de plusieurs condamnations.

L'autorisation de vendre un remède nouveau ne doit être non plus accordée que pour un temps limité. L'année dernière, dans un rapport, j'ai soulevé cette question devant l'assemblée de l'école de pharmacie où elle a donné lieu à une discussion sérieuse. L'école a demandé au ministre non-seulement qu'il ne soit accordé à l'avenir que des autorisations temporaires, mais, de plus, que les possesseurs d'anciennes autorisations soient obligés de rapporter leur titre et de le soumettre à un nouvel examen, pour voir, suivant le résultat de cette enquête, supprimer l'autorisation ou en recevoir une nouvelle pour un temps limité. N'est-ce pas, en effet, la chose la plus extraordinaire d'accorder un brevet sans limitation de jouissance, quand il s'agit de l'invention d'un remède, alors que toute autre invention, après avoir été protégée pendant un certain nombre d'années, rentre de droit dans le domaine public? Est-ce donc que ces inventions de remèdes auraient un mérite si éminent; est-ce donc qu'elles seraient l'œuvre de génies si supérieurs que la règle commune dût s'abaisser et que les intérêts de la société n'aient qu'à s'effacer devant elles? Le moment va venir où je vous démontrerai les puérilités de toutes ces prétendues découvertes. Quelle singulière anomalie! Tandis que Watt en Angleterre, Fulton en Amérique, dont les travaux ont changé la face des sociétés humaines, tandis qu'en France, Leblanc et Dizé, les inventeurs des procédés de fabrication de la soude artificielle, Berthollet qui a créé l'art du blanchîment par le chlore, Achard qui a su extraire le sucre de la betterave, Papin et tant d'autres qui ont immortalisé leurs noms par de précieuses découvertes, tandis que ces hommes, qui ont fait marcher l'humanité d'un pas de géant dans la voie du progrès, ont été payés par un privilége de quelques années, les auteurs d'inventions du mérite le plus mince reçoivent une autorisation à perpétuité qui devient pour eux et leurs descendants un véritable patrimoine.

A l'autorisation accordée de vendre un remède nouveau, il faut joindre la défense absolue, sous peine de déchéance immédiate et sous les autres peines qui atteignent les vendeurs de remèdes secrets, d'annoncer ces remèdes par affiches, journaux, prospectus ou tout autre mode, avec indication aucune de leurs propriétés médicinales.

Il y a toujours de graves inconvénients à mettre le public, mauvais juge en pareille matière, dans la confidence des propriétés d'un remède. Il est bon que la loi lui vienne en aide pour le soustraire au danger, en s'opposant à ce que chaque jour on lui mette sous les yeux l'appât trompeur de toutes ces publications. Ceux qui ont quelque expérience de ces sortes de matières savent avec quelle complaisance, à la lecture d'un article de médecine, une foule de gens se tâtent en tous sens et sont enclins à découvrir en eux le mal dont il est parlé. Le remède est-il à côté, ils s'empressent d'y avoir recours. Ainsi se sont rendus malades des gens dont la santé prospère n'avait reçu d'atteinte que dans leur crédule imagination ; ainsi ont aggravé leur état tant d'autres qui se sont appliqués, à tort et à travers, des remèdes qui leur devaient être contraires. J'en puis parler avec assurance, car, dans ma propre famille, j'ai eu l'exemple d'un pauvre malade mort à la suite de l'administration qu'il s'était faite imprudemment d'un élixir purgatif, sur la foi d'un de ces prospectus menteurs.

Il y a véritable culpabilité du faiseur d'annonces par les dangers qu'il fait courir à la santé publique, et parce qu'il s'immisce illégalement dans l'exercice de la médecine. De sa part, il y a consultation donnée, et consultation d'autant plus dangereuse qu'elle s'adresse indistinctement à tous. Qu'on ne vienne pas dire que cette annonce est nécessaire pour avertir le corps médical de la découverte; il en est suffisamment instruit par les journaux de médecine et de pharmacie. D'ailleurs ce n'est pas à lui que l'on s'adresse; mais c'est au corps bien autrement nombreux et profitable des dupes que vont toutes ces annonces, faites à grands frais, répandues avec profession, dont le succès se fonde sur le bruit et jamais sur la valeur du médicament qu'elles préconisent. Ces annonces ne sont pas moins funestes aux intérêts des médecins qu'à ceux du public. Ce dernier, trouvant chaque matin une consultation toute faite, se persuade qu'à chaque maladie répond son remède, sans se douter que la détermination de la maladie est un premier fait qui lui échappe, et ensuite que le remède, pour être efficace, ne doit pas être appliqué indifféremment à toutes les doses, à toutes les périodes et à toutes les variations d'une même maladie. Ainsi, le médecin voit sa juste influence diminuer, sa clientèle se réduire, et les malades ne lui revenir qu'après avoir souvent aggravé leur état et avoir laissé passer le moment propice à la guérison. Le mal est bien senti, et vous ne trouverez aucun médecin qui ne demande la prohibition des annonces, à l'exception toutefois de ces quelques hommes qui les exploitent honteusement pour arriver à la fortune ou de ceux-là qui, journalistes par métier, sacrifient les intérêts de l'art de guérir et ceux de la santé publique aux nécessités de leur position, et qui, suivant l'expression énergique de M. Amédée Latour, *vont puiser dans la fange des annonces* les moyens de soutenir une entreprise chancelante.

Je ne puis mieux en finir à ce sujet que par cette apostrophe que j'emprunte à Swediaur :

« Il me paraît tout à fait contradictoire et même parfaitement » ridicule de jeter les hauts cris pour un malheureux qui est » écrasé dans la rue ou qui se noie dans la rivière, pendant qu'on » souffre patiemment que des milliers de malades, particuliè-

» rement ceux d'une constitution faible et irritable, soient sa-
» crifiés par les mains des charlatans et meurent bientôt des
» suites de l'administration imprudente et empirique d'un re-
» mède dangereux. »

Enfin, messieurs, à tous ces raisonnements savez-vous la réponse qui paraît trouver quelque crédit ? C'est que les dupes sont plus nombreuses à l'étranger qu'en France, et que l'exportation de ces remèdes est une des branches de la richesse nationale. La conscience publique se lève et proteste contre une telle pensée, car, en France, le profit n'absout pas de l'iniquité. Ces gens-là n'ont donc gardé au cœur aucune parcelle de notre chevaleresque et vieux sang gaulois. Ils nous demanderaient volontiers une guerre de l'opium pour assurer la débit de leurs drogues malfaisantes.

Après cet exposé, pour témoigner de la justesse de mes conclusions, je sens le besoin de vous faire connaître plus particulièrement chacune de ces prétendues panacées. Vous allez vous convaincre à votre tour si l'origine de l'autorisation dont elles jouissent est de nature à commander la confiance. S'il s'était glissé quelque erreur dans l'histoire que je vais en faire, il faudrait en accuser l'impossibilité où je me suis trouvé de consulter les documents officiels. J'en ai fait la demande; mais le ministre n'a pas cru pouvoir me les communiqner.

Les remèdes secrets dont la vente est autorisée sont :

Les pilules de Belloste,
Les grains de santé du Dr Franck,
La poudre dite d'Irroë,
Le rob antisyphilitique de Laffecteur,
La pommade ophthalmique de la veuve Farnier,
La poudre de Sancy,
Les biscuits d'Ollivier,
La pommade antidartreuse de Kunkel.

Je laisse volontiers de côté toute discussion sur la poudre de Sancy, la pommade de la veuve Farnier et la pommade de Kunkel pour lesquelles il n'est pas fait d'annonces. La première a perdu toute son importance depuis la découverte de l'iode; la seconde est une pommade ophthalmique comme il y en a tant; la troisième, qui a pour base l'oxyde de cuivre, est l'un des éléments d'un traitement qui n'a reçu qu'une tolérance de l'autorité.

Les pilules de Belloste, suivant une lettre du ministre du 22 avril 1831, sont au nombre des remèdes dont la vente est autorisée. Le fait de cette déclaration suffirait pour prouver la nécessité de porter l'ordre et la lumière dans les documents qui se trouvent au ministère ; car le 5 octobre 1819, le ministre d'État préfet de police écrivait au secrétaire de l'École de pharmacie : « Le sieur Belloste a obtenu, en 1781, un privilége pour » la confection et le débit pendant trente ans des pilules dites » de Belloste. Non-seulement les trente années sont écoulées, » mais encore ce privilége se trouve avoir été annulé ainsi que » tous ceux de même nature par l'article 1er du décret du » 18 août 1810. En conséquence, défenses viennent d'être faites » à ce particulier de se mêler en rien de la préparation des » pilules dont il s'agit, d'en annoncer la vente ou d'en former » aucun dépôt. »

C'était d'autant plus justice que Belloste n'avait rien inventé du tout et que sa prétendue découverte n'était que la reproduction à peu près complète des pilules de Renaudot, imitées elles-mêmes des fameuses pilules de Barberousse. (Henry et Guibourt, *Journal de pharmacie.*)

Quant aux grains de santé, voici ce qui résulterait de l'historique qui a été tracé en 1812 dans le *Journal de pharmacie*, historiqne qui ne fut pas contesté alors, et qui ne l'a pas été depuis. Un certain R*** annonce qu'il a reçu du docteur Franck, premier médecin de la cour d'Autriche, la formule de ces pilules merveilleuses. Ceux à qui le célèbre docteur les a prescrites ont vécu longtemps, et ont été exempts de fièvres intermittentes putrides et malignes. R*** reçoit immédiatement un démenti de la famille de Franck. Alors ce n'est plus le célèbre professeur de Vienne, c'est un docteur Franck de Strasbourg à qui l'invention est rapportée, docteur créé pour l'occasion, car il n'y avait pas à Strasbourg de médecin de ce nom. Cependant l'autorisation avait été accordée, et elle ne fut pas retirée quand la tromperie eut été mise au grand jour.

Passons à l'Irroë, ou purgatif rafraîchissant, remède peu connu aujourd'hui et dont je me serais abstenu de vous parler, s'il n'était une preuve de plus de l'opportunité de revenir sur les autorisations accordées autrefois. A celle-là, ce n'est pas l'ancienneté qui manque : il y a quatre-vingt-quinze ans qu'il a reçu l'autorisation. Il a eu pour lui la recommandation d'hommes de l'art, de la Société de médecine d'Avignon et de la commission de médecine à Paris. Il ne méritait pas moins, car *ce remède précieux, fruits des travaux, des recherches, des combinaisons et des mélanges les plus savamment combinés, purge et rafraîchit, guérit toutes sortes de maladies, est bon à toutes sortes de malades, bon même à ceux qui sont en parfaite santé.* (Prospectus, p. 5.) Et de pareilles sottises se publient avec approbation du gouvernement ; il se trouve des gens pour les défendre et des dupes pour les payer.

Les biscuits d'Ollivier ont été autorisés sur un rapport de l'Académie de médecine. Il n'est si docte assemblée qui ne faillisse quelquefois. Le jour où elle a donné son approbation à ce remède, l'Académie oubliait et le soin de sa propre considération et les intérêts de la santé publique.

Il n'y a pas de mystère sur la composition essentielle du médicament : c'est le sublimé corrosif, dulcifié par les matières protéiques. Le remède est efficace sans doute, mais il n'est pas nouveau et il est dangereux. On dirait que c'est en vue de ce remède que Swediaur a écrit un jour : « Il est étonnant que sous » un gouvernement éclairé et humain, on permettre la vente et » l'administration d'une drogue comme le sublimé corrosif, soit » seul, soit déguisé. Les écoles de médecine bien organisées et » munies par le gouvernement de pouvoirs suffisants n'inter- » diraient-elles pas l'usage d'un remède si dangereux entre les » mains d'un charlatan ? »

Quant à la nouveauté de la préparation, l'Académie eût pu se rappeler que l'association du sublimé corrosif à la mie de pain, à la farine, au gluten, au jaune d'œuf, se trouvait réalisée déjà dans un assez grand nombre de formules. Mais il y a plus : c'est que le gouvernement avait déjà récompensé et fait publier en 1789 la recette de gâteaux préparés dans le même but, et dont les biscuits d'Ollivier n'ont été qu'une tardive imitation. M. Guibourt a bien voulu me fournir à ce sujet les renseignements que voici. La formule des gâteaux toniques mercuriels de Bru est consignée dans un ouvrage intitulé : *Nouvelle méthode de traiter les maladies vénériennes par les gâteaux toniques mercuriels sans clôture, et parmi les troupes sans séjour d'hopital,* par Bru, chirurgien major de la marine. Fait et publié par ordre du gouvernement. Paris, 1789. Dès l'année 1788, ce traitement fut adopté dans les principaux ports de la marine royale, sous l'inspection de l'auteur, qui reçut d'autres récompenses. Bru, à cette époque éloignée, préparait le sublimé corrosif au moyen de l'eau régale, y associait de l'alun et du miel et en fabriquait des gâteaux avec de la farine et du sucre. Ainsi Ollivier n'avait pas même le mérite de l'invention, et comme il est mort aujourd'hui, le gouvernement devrait mettre un terme aux dangers qui résultent de la vente libre d'un remède aussi énergique.

Me voici enfin arrivé à celui des remèdes réputés autorisés contre lequel semblent s'accumuler tous les griefs, celui dont l'autorisation paraît la plus problématique, celui qui, eût-il été jadis autorisé, se serait le plus écarté des bornes mises à tout privilége. Tout porte à croire qu'il n'a reçu qu'une permission temporaire et à titre d'essai, et cependant cette autorisation s'est perpétuée ; elle a été vendue publiquement et s'est divisée entre plusieurs exploitants qui ont débité chacun un remède différent. La composition de ce remède a varié sans cesse ; il est vanté par des annonces emphatiques comme propre à guérir une foule de maladies, tandis que l'autorisation n'avait été accordée qu'en vue de la seule propriété pour laquelle il devait être expérimenté. Il est livré à tout venant, sans souci de l'opportunité de l'emploi, et de plus il est vendu à un prix exorbitant. Vous avez nommé avant moi le rob antisyphilitique de Laffecteur.

L'histoire de ce remède sera facile à tracer; j'en trouve les éléments dans une brochure de l'un des propriétaires actuels, dans les écrits de quelques médecins et surtout dans l'excellent rapport fait à l'Académie de médecine de Bruxelles par M. Pasquier.

Boyveau, médecin, entendit parler des cures faites par un remède purement végétal. M. de Marcilly, son beau-père, l'acheta pour l'exploiter avec lui. On voulait bien avoir le profit de l'entreprise, mais, en même temps, préserver son nom de la honte qui s'y attachait (1) : le remède fut vendu sous la dénomination de *Rob antisyphilitique*, sous le nom social de Laffecteur, lequel nom fut acheté à celui qui le portait, employé au ministère de la guerre, et dont la position pouvait aider, sans doute, à la délivrance de l'autorisation. Plus tard, la société fut partagée en maison Laffecteur et maison Boyveau-Laffecteur. Aujourd'hui, le rob est exploité en commun par les deux maisons réunies.

La recette du rob fut communiquée à M. de Lassone, premier médecin du roi, puis à la Société de médecine, qui nomma successivement deux commissions; une première, composée de de Lassone, Macquer, Lorry, Geoffroy et Bucquet, fit l'examen du remède; une seconde, composée de Genseru, Colombier, Dubourg et Carrère, fut chargée d'en suivre l'application. Dans la séance du 7 avril 1780, cette commission estima que le rob de Laffecteur était assez propre à guérir la vérole, en y joignant les traitements accessoires dont le médecin apprécierait l'opportunité; que ne contenant pas de mercure, il pouvait devenir surtout utile dans les cas où l'on aurait à craindre l'usage des préparations mercurielles. (*Archives de la Soc. de Médecine.*)

La Société admit les conclusions de ce rapport dans la séance du 20 avril 1780. Il est à remarquer qu'il ne donne aucun avantage au rob Laffecteur sur les remèdes connus; il renferme d'ailleurs une assertion un peu aventurée sur l'absence du mercure dans cette composition, car Buquet avait dit à la Société :

« Je n'ai pas retiré de mercure du rob antisyphilitique de » Laffecteur; mais je ne dis pas pour cela qu'il n'en contienne pas, » puisque je n'ai pu en découvrir dans ce même rob où j'avais » ajouté 2 grains du sublimé corrosif. Quoique je ne puisse » assurer que le rob antisyphilitique doive ses propriétés au » mercure qu'il peut contenir, je dois néanmoins devoir faire » observer que cela est possible. La lessive de sel fixe de tartre » est un intermède très-propre à dégager le mercure masqué » par une liqueur sirupeuse, mais cet intermède n'a d'action

(1) En 1778, l'opinion publique n'eût pas permis d'attacher son nom de famille à un remède ayant une telle spécialité.

(HOFMANN. Brochure, p. 5, 1850.)

» que quand le sel mercuriel se trouve dans la liqueur en quan-
» tité un peu considérable. »

Il ne paraît pas qu'à la suite de ce rapport le rob ait été autorisé. Il y a bien un arrêté du conseil d'État, du 12 septembre 1778; mais, comme il est antérieur au rapport de la Société de médecine (10 septembre 1779 et 7 avril 1780), il est hors de doute qu'il n'a été qu'une tolérance provisoire. La *Gazette de santé* du 15 octobre 1778 dit formellement que cet arrêté avait pour but, en permettant la vente, de faire constater journellement les effets sous les yeux de deux médecins de la Faculté de Paris et de la Société de médecine, chargés d'en diriger l'administration dans une maison particulière établie à cet effet, et d'en rendre compte à la Société. Pour se procurer ce remède, il fallait se présenter *avec un billet signé d'un médecin* chez le sieur Laffecteur (*Gazette de santé*, 1778, *n°* 42). L'autorisation définitive n'a pas été donnée, car, le 12 janvier 1850, le procureur de la République déclarait en pleine audience qu'il n'y a pas d'autorisation expresse du gouvernement, qu'il y a seulement tolérance et abstention de poursuites.

Je vous ai dit le cas que la Société royale de médecine faisait du rob de Laffecteur; écoutez maintenant l'opinion de deux hommes qui en ont suivi l'application : d'abord la voix de Swediaur au beau temps de la vogue du remède; puis, de nos jours, celle de M. Thiry, professeur de clinique des maladies vénériennes, à Bruxelles.

« Depuis plusieurs années, dit Swediaur, j'ai vu un grand
» nombre de malades qui sont venus me consulter après avoir
» pris le rob pendant longtemps et à plusieurs reprises sans
» succès. » Et plus loin : « Il n'y a que l'ignorance et le char-
» latanisme qui puissent le regarder et le préconiser comme
» l'unique remède de ces maladies; du moins je n'ai pas vu
» que, faute de ce rob, il mourût plus de soldats et de marins
» dans les hôpitaux d'Angleterre et ailleurs qu'en France, où
» tant de gens sans instruction le croient un moyen infaillible
» et la dernière ressource de l'art; mais, dans ces pays, les gou-
» nements, méprisant les remèdes des charlatans, confient les
» malades aux soins des médecins et des chirurgiens les plus
» éclairés. »

En 1850, M. Thiry s'exprimait ainsi devant l'Académie de

médecine, à Bruxelles : « On a singulièrement exagéré les vertus » médicamenteuses du rob de Laffecteur. Son action est nulle » comme agent antisyphilitique ; il ne renferme aucune puis- » sance spécifique. Il est inutile dans le traitement des affections » vénériennes bénignes, dangereux contre le chancre induré ; » il laisse croître et augmenter les accidents. Il en est de même » quand on l'applique aux maladies graves de la peau. On peut » l'employer comme adjuvant dans les maladies de la peau et » syphilitiques. Le régime sévère imposé aux malades a plus de part que le rob lui-même dans le succès. »

Qu'est-ce donc, en effet, que ce rob antisyphilitique? Un sirop de salsepareille composé tout à fait analogue à celui du Codex. Sa composition ne pouvait rester un mystère : neuf personnes avaient été mises dans la confidence. On va voir que c'est par elles que la recette du rob a été divulguée.

Pelletan, dans sa clinique chirurgicale, rapporte la formule de ce rob qu'il tenait, dit-il, de l'homme le plus véridique et le plus instruit qu'il connût. Elle n'est autre que celle du sirop de Cuisinier avec substitution de la coriandre à l'anis.

Van Mons, de son côté, a eu communication de la recette de ce rob, et voici comment il nous apprend qu'elle lui est arrivée. Laffecteur fut chargé de fournir son rob pour le service de la marine. Van Mons en eut la recette et la publia dans sa pharmacopée usuelle en 1822. Cette formule est telle, dit-il, que nous l'avons exécutée pour l'un des commissaires de la marine française qui avait assisté à cette communication. Cette recette diffère à peine de celle du sirop de salsepareille composé (salsepareille, sucre, miel, de chaque 15 parties ; sené, fleurs de bourrache, roses muscates, semences du cumin, de chaque 1 partie).

Et moi aussi, je possède la recette qui a été remise à la commission d'examen nommée par le gouvernement, et cela, par hasard, par succession de l'un des commissaires. Je pourrais la publier, car je ne suis pas obligé au secret. Je me contenterai de dire à ceux qui voudraient se soustraire à la rapine du monopole actuel qu'ils peuvent en toute sûreté se servir de l'une ou de l'autre recette que j'ai rapportée tout à l'heure ; les différences sont très-légères et peuvent être négligées.

Voulez-vous une preuve encore? Je vais la puiser dans le

Codex de 1818, qui comptait au nombre de ses rédacteurs des membres de la commission d'examen. Après avoir donné la préparation du sirop de salsepareille composé, le Codex ajoute :

« Parum admodùm initio, aut nihil prorsùs, sive medicamentorum naturâ et mutuâ ratione, sive methodo parandi ab hoc discrepabat adeò decantatum *Rob* dictum antisyphiliticum. »

Ainsi le rob antisyphilitique est le sirop de salsepareille composé du Codex, avec un désavantage qui lui est propre; c'est qu'il a varié à diverses époques et qu'il peut varier encore au gré des vendeurs. Ceci ressort déjà des légères variations que présentent entre elles les recettes de sources officielles venues en des temps différents, et bien plus encore des faits graves que je vais rapporter. Le rob primitif était une bouillie claire, d'une couleur brune, d'une odeur de sirop de longue vie, qui laissait déposer au fond des bouteilles une fécule grise et qui donnait, lorsqu'on l'avait coupé avec de l'eau, un dépôt visqueux et collant. Sa densité était de 1,117. Aujourd'hui le rob est un sirop brun, d'une densité de 1,21, qui donne avec l'eau une liqueur presque transparente. Le rapport remarquable fait par M. Pasquier, à l'Académie de médecine de Bruxelles, constate qu'en 1850 on vendait, en Belgique, plusieurs espèces de robs. Ils étaient fort différents les uns des autres. Leur densité variait entre 33 et 36; les uns avaient déposé dans les bouteilles, les autres non; ceux-ci restaient transparents quand on les étendait avec de l'eau; ceux-là se troublaient; d'autres formaient un dépôt épais. Leurs couleurs étaient très-diverses; les quantités de chlore nécessaires pour les décolorer variaient de 4 à 10. L'eau de chaux développait une odeur de salsepareille chez les uns; chez les autres, elle ne produisait qu'une odeur de réglisse. L'alcool précipitait de la matière extractive avec cette extrême différence de proportion de 11 à 29. Les robs d'un des fabricants différaient entre eux; les robs de l'autre ne se ressemblaient pas davantage. Il n'y avait pas plus d'identité dans les robs provenant de la nouvelle fabrication, qui, à leur tour, différaient des robs provenant de la fabrication d'une autre époque. Après cela, que deviennent les prétentions des fabricateurs du rob qui, en désespoir de cause, cherchent à se retrancher derrière une prétendue constance absolue de composition de tout rob sorti de leur laboratoire ?

Pour compléter le tableau de toutes ces misères, voici qu'un jour un procès s'élève entre les deux propriétaires devenus antagonistes. L'un introduit dans la cause contre l'autre une action en tromperie sur la nature de la marchandise. Du rob avait été saisi, et les experts, MM. Tardieu, Lesueur et Lassaigne, déclarent qu'il est tout différent du rob Boyveau-Laffecteur.

Enfin, ce qui est plus grave encore, ce rob prétendu végétal a contenu du mercure à une certaine époque. Dès 1779, Bucquet appelait sur ce point les défiances de la Société royale de médecine. Son opinion s'est trouvée confirmée par cette déclaration de Swédiaur : « J'ai vu des malades qui, sous l'usage » de ce remède, furent affectés d'une salivation forte et caracté- » ristique; d'autres se trouvaient plus mal qu'avant. »

Et maintenant, je demanderai aux rares médecins, enthousiastes de ce rob, à laquelle de toutes ces préparations si variées ils ont recours, et quelle est celle qu'ils préfèrent pour le salut de leurs malades; mais, avant de répondre, ils feront bien de se remettre en mémoire les sévères qualifications que Pelletan et Swédiaur ont appliquées aux médecins qui se font les prôneurs des remèdes secrets.

Tel est le rob antisyphilitique de Laffecteur que la Société de médecine indiquait comme pouvant faire disparaître les symptômes de la maladie vénérienne, sans aucune préférence sur les autres remèdes connus, et qui est vendu aujourd'hui, à grand renfort d'annonces et de prospectus, comme propre à guérir une foule de maux. Et, chaque jour, de pauvres malheureux atteints de maladies graves se fient à ces promesses trompeuses, laissent le mal gagner du terrain, et arrivent trop tard aux mains du médecin dans un état incurable.

Un dernier mot sur le tort pécuniaire que le public subit par l'effet de la tolérance du gouvernement. Le même remède qui, préparé dans une bonne pharmacie et vendu sous son nom véritable, coûterait 6 francs au malade, il le paye 15 francs aux exploitants, parce que le gouvernement s'est avisé de laisser en leur main le privilége de vendre une chose connue sous un nom qui jette le mystère sur sa composition. Ce n'est pas que le bénéfice des vendeurs sur chaque bouteille soit aussi considérable : ils se sauvent, comme on dit, sur la quantité. Le rob leur revient à

3 ou 4 francs; mais il leur faut faire au débiteur une large remise qui peut s'élever à 7 francs 50 centimes. Il en résulte que le vendeur de seconde main est suffisamment intéressé au succès du rob, et que fabricants et revendeurs se tirent assez bien d'affaire. Le patient, c'est, d'une part, le médecin qu'on ne consulte plus; c'est surtout le pauvre public qui, grâce au privilége, paye le remède trois fois plus cher, et qui guérit ensuite s'il le peut. C'est là l'histoire du rob de Laffecteur, comme c'est celle de toutes les spécialités tant en vogue de nos jours.

Les faits sont établis ; maintenant je puis conclure.

La législation des remèdes secrets doit retourner en arrière et revenir au décret du 18 août 1810, appliqué dans toute sa rigueur.

Il faut :

Obliger ceux qui ont des autorisations à les soumettre à un nouvel examen et confier cet examen à des hommes qui, *par leurs fonctions*, offrent toute garantie de savoir, de maturité, d'indépendance et de désintéressement (voyez la composition de la commission, page 7) ;

Laisser à cette commission le soin de décider s'il y a réellement découverte utile, d'en fixer le prix et de déclarer si elle doit être publiée pour cause d'utilité publique ;

Ne pas accorder d'autorisations de vendre.

Et, si cependant le gouvernement maintenait le système de remèdes autorisés, mettre à l'autorisation les conditions suivantes :

La recette sera rendue publique;

L'autorisation sera personnelle et limitée à un certain nombre d'années;

Le remède ne pourra être vendu que par des pharmaciens et sur ordonnance de médecins;

Un maximum de prix sera fixé pour la vente du médicament;

L'annonce avec indication des propriétés médicinales sera absolument interdite.

L'infraction à l'une de ces conditions ou un changement dans la composition du remède sera punie par la déchéance et par les peines portées contre les vendeurs de remèdes secrets.

Je l'ai déjà dit, l'école de pharmacie a adressé une demande dans le même sens au ministre. La commission d'hygiène publique est saisie de la question. Si j'y reviens encore, c'est que le succès de ces demandes est loin d'être assuré. Les avenues du pouvoir sont occupées par des gens qui ont intérêt à perpétuer les abus. Le charlatanisme a fait leur fortune que le charlatanisme soutient et accroît chaque jour. Dans cette fortune, ils ont trouvé des moyens d'influence qui ont été assez forts pour contre-balancer les intérêts de la moralité et de la santé publiques : ce ne sera pas trop des efforts de tous pour les réduire à l'impuissance. Ils repousseront toute réforme en désespérés, car la réforme dessécherait la source impure où ils vont puiser leurs richesses.

En traçant à nouveau l'histoire des remèdes secrets, j'ai voulu une fois de plus mettre en lumière les vices d'une législation qui s'est faite la complice du charlatanisme, montrer au pouvoir sur quelle pente malheureuse il a été entraîné et lui indiquer les moyens de réparer le mal. Pour engager et soutenir cette discussion, je me présentais avec un avantage incontestable. Nul intérêt ne me pousse que celui de la vérité et du bien public. Je n'ai rien à gagner, je n'ai rien à perdre en ces débats, tandis que chacun de mes adversaires est affaibli de l'intérêt personnel qui l'attache à la cause qu'il défend. Mon indépendance donnera à mes paroles un retentissement, une force morale et un crédit qui auraient pu leur manquer.

Si je réussis, ma récompense est prête : ce sera la satisfaction d'avoir contribué à faire le bien. Si mes efforts sont infructueux, je me dirai qu'un appel à la défense de la moralité et des intérêts de la santé publique ne peut être entièrement perdu; j'attendrai des temps meilleurs.

Paris. — Imprimé par E. THUNOT et Ce, rue Racine, 26.

www.ingramcontent.com/pod-product-compliance
Lightning Source LLC
LaVergne TN
LVHW010407240826
846091LV00020B/2819

9782013654029